ISBN 978-3-86827-236-9

Originaltitel: The Applause of Heaven

Published by W. Publishing Group

Deutsch von Sabine Weißenborn

Umschlaggestaltung: Christian Heinritz
Umschlagbild: iStockphoto (ArtisticCaptures)
Fotos Innenteil:
Fotolia – Wong Sze Fei (S. 2), delreycarlos (S. 7),
Vera Kuttelvaserova (S. 9), Sandor Jackal (S. 13), oriwo (S. 15),
Alban Egger (S. 17), Roman Zurbrügg (S. 19), Monia (S. 23),
makuba (S. 25), Andy (S. 29), Monia (S. 33), Trevor Slauenwhite (S. 37),
photocreo (S. 39), drubig-photo (S. 41)
iStockphoto – flyparade (S. 11), silverjohn (S. 21),
Sveta (S. 27), RiverNorthPhotography (S. 31), xyno (S. 35)
Vignetten: Fotolia (Irina Onufrieva)

Satz: Verlag der Francke-Buchhandlung GmbH
Printed in Poland

www.francke-buch.de

Max Lucado

Freude im Überfluss

francke

Glücklich

sind die, die erkennen, wie arm sie vor Gott sind, denn Gottes Herrschaft und Herrlichkeit gehört ihnen.

Glücklich sind die Traurigen, denn Gott wird sie trösten.

Glücklich sind, die auf Gewalt verzichten, denn sie werden die ganze Erde besitzen.

Glücklich sind, die sich nach Gottes Gerechtigkeit sehnen, denn Gott wird ihre Sehnsucht stillen.

Glücklich sind die Barmherzigen, denn Gott wird auch mit ihnen barmherzig sein.

Glücklich sind, die ein reines Herz haben, denn sie werden Gott sehen.

Glücklich sind, die Frieden stiften, denn Gott wird sie seine Kinder nennen.

Glücklich sind, die deshalb verfolgt werden, weil sie Gottes Willen tun. Sie werden mit Gott in seinem Reich leben.

Matthäus 5,3-10

Es ist ein besonderer Segen, den Jesus in der Bergpredigt verspricht.

Eine himmlische Freude. Eine geheiligte Freude. Aber diese Freude ist nicht billig. Was Jesus uns verspricht, ist weder eine Spielerei noch eine geistliche Haltung, die man bei Gelegenheit herausholt und aufpoliert. Nein, Matthäus 5 beschreibt die radikale Veränderung unseres Herzens durch Gottes Geist.

Je radikaler die Veränderung, desto größer die Freude. Und keine Anstrengung ist zu groß, denn es geht um die Freude Gottes.

Schauen wir uns Gottes Freude an. Was kann sie trüben? Was kann sie dämpfen? Was kann sie auslöschen?
Die Antwort ist: nichts. Gottes Freude kann durch keine Umstände gedämpft werden. Sein Friede kann nicht von äußeren Begebenheiten gestohlen werden.
Es gibt dieses herrliche Entzücken, das von Gott allein kommt. Eine geheiligte Freude. Und sie ist in unserer Reichweite. Wir sind nur eine Entscheidung weit weg von dieser Freude.

Der erste Schritt ist das Eingeständnis der eigenen Armut: »Glücklich sind die, die erkennen, wie arm sie vor Gott sind ...« Gottes Freude bekommen nicht die, die sie sich verdienen, sondern die, die zugeben, dass sie sie nicht verdient haben. Als Sarah sich Gottes Willen unterwarf und um einen Lebensretter flehte anstatt nach einer Lektion im Schwimmen, strömte Freude in ihr Leben.

Der zweite Schritt ist der Kummer: »Glücklich sind die Traurigen …« Freude erleben die, die ihre Sünden ernsthaft bereuen.
Sie entdecken die Freude, wenn sie das Gefängnis ihres Stolzes zurücklassen und ihre Rebellion bereuen.

Dem Kummer folgt die Sanftmut. Die Sanftmütigen sind die, die sich von Gott gebrauchen lassen. Verwundert darüber, dass Gott sie gerettet hat, sind sie genauso überrascht, dass Gott sie gebrauchen kann. Sie sind wie ein Schulorchester, das plötzlich mit den Berliner Philharmonikern spielt. Sie werden dem Dirigenten sicher nicht erklären, wie man dirigiert; sie sind einfach nur außer sich vor Freude, dass sie bei dem Konzert dabei sein dürfen.

Das Ergebnis der ersten drei Schritte: Hunger. Noch nie zuvor ist Ihnen so etwas begegnet. Sie geben Ihre Sünde zu – Sie werden gerettet. Sie gestehen sich ein, dass Sie schwach sind – Sie bekommen Kraft. Sie sagen, dass es Ihnen leidtut – es wird Ihnen vergeben. Es ist ein verrückter, unvorhersehbarer Weg voller schöner Begegnungen. Dieses eine Mal im Leben sind Sie süchtig nach etwas, das Leben gibt, anstatt es aus Ihnen herauszusaugen. Und Sie wollen mehr davon.

Dann kommt das Erbarmen. Je mehr Sie bekommen, desto mehr geben Sie. Es fällt Ihnen immer leichter, die Gnade weiterzugeben, weil Sie erkennen, dass Ihnen selbst so viel gegeben wurde. Alles, was Ihnen angetan wurde, ist nichts im Vergleich zu dem, was Sie Gott angetan haben.
Zum ersten Mal in Ihrem Leben haben Sie eine andauernde Freude gefunden, eine Freude, die nicht von Ihren Launen und Handlungen abhängt. Es ist Gottes Freude, eine Freude, die Ihnen niemand nehmen kann. Eine heilige Freude ist in Ihr Herz gelegt worden.

Sie ist heilig, weil nur Gott sie geben kann.

Jesus besaß eine unerschütterliche Freude. Eine Freude, die sich zu biegen weigerte, wenn der Wind in harten Zeiten besonders stark wehte. Eine Freude, die sich auch durch Schmerz nicht vertreiben ließ. Eine Freude, deren Wurzeln tief in die Grundfesten der Ewigkeit hineinreichten.

Was für eine Art Freude ist das? Was ist das für eine Gelassenheit, die es wagt, über die eigene Not einfach hinwegzusehen?

Was ist das für ein Vogel, der schon singt, obwohl es noch dunkel ist? Was ist der Ursprung dieses Friedens, der dem Schmerz trotzt?
Ich nenne sie »geheiligte Freude«.

Sie ist geheiligt, denn sie ist nicht von dieser Welt. Was geheiligt ist, gehört Gott. Und diese Freude ist Gottes Freude.

Geheiligte Freude ist die gute Nachricht, die durch die Hintertür in unser Herz kommt. Sie ist das, von dem wir immer geträumt haben, aber was wir nie für möglich gehalten hätten. Sie ist das »Zu-schön-um-wahr-zu-sein«, das plötzlich wahr wird. Gott wird zu unserem Vater, unserem größten Fan und unserem besten Freund. Gott steht an unserer Seite, wohnt in unseren Herzen, geht vor uns her und beschützt uns. Das ist die Hoffnung, wo wir sie am wenigsten vermutet haben: eine Blume auf dem Gehsteig des Lebens.

Gott verleiht seine Freude denen, die sich ihm unterwerfen, sie ist keine Auszeichnung für einen Sieg. Der erste Schritt zur Freude ist eine Bitte um Hilfe, ein Eingeständnis der eigenen Unzulänglichkeit, ein Erkennen des eigenen inneren Mangels. Diejenigen, die Gottes Gegenwart erleben, erklären ihren geistlichen Bankrott und sind sich ihrer Not bewusst. Ihre Taschen sind leer, ihre festen Überzeugungen sind fort. Sie haben schon lange aufgehört, Gerechtigkeit zu verlangen; sie bitten um Erbarmen. Gottes Freude gedeiht nur auf dem ausgetrockneten Boden der Verzweiflung und nicht auf dem fruchtbaren Boden der Leistungen!

Über seine Sünden traurig zu sein, ist ein natürlicher Ausfluss aus der Armut des Geistes. Aber viele streiten ihre Schwachheit ab. Viele wissen, dass sie eigentlich falsch liegen, und doch tun sie so, als hätten sie recht. Deshalb schmecken sie auch nie die köstliche Trauer der Buße.

Von allen Wegen der Freude muss dieser der seltsamste sein. Wahrer Segen, sagt Jesus, fängt mit tiefer Traurigkeit an.

Gott tanzt inmitten des Alltäglichen, und in der Heiligen Nacht tanzte er einen Walzer. Der schwarze Himmel erstrahlte urplötzlich in hellem Licht. Bäume, die bis dahin nur Schatten waren, konnte man ganz deutlich erkennen. Schafe, die bis dahin friedlich geschlafen hatten, kamen voller Neugier näher. Eine Minute vorher hatte die Hirten noch tief geschlafen, jetzt rieben sie sich die Augen und schauten in das Gesicht eines Fremden.

Der Engel kam in der Nacht, denn nachts kann man Licht am besten sehen und braucht es auch am meisten. Gott kommt in das Alltägliche aus genau demselben Grund.

Wenn wir zu Jesus gehören, dann sind seine Verheißungen nicht nur eine Quelle der Freude. Sie sind auch die Grundlage für wahren Mut. Es ist uns garantiert, dass unsere Sünden verborgen und gesühnt sind durch das Opfer Jesu. Wenn Gott uns anschaut, dann sieht er nicht uns, sondern Jesus, der uns umgibt. Das heißt aber auch, dass Versagen nichts ist, was uns kümmern muss. Unser Sieg ist sicher. Warum sollten wir da nicht mutig sein?

Wir dürsten nicht nach Ruhm, Besitz, Leidenschaft oder Romantik. Aus diesen Brunnen haben wir schon getrunken. Sie sind wie Salzwasser in der Wüste. Sie löschen nicht den Durst.

»Selig sind, die da hungert und dürstet nach der Gerechtigkeit ...«

Gerechtigkeit. Das ist es. Danach sehnen wir uns. Uns dürstet nach einem reinen Gewissen. Wir hoffen sehnsüchtig auf einen neuen Anfang. Wir beten für eine Hand, die uns in unserer dunklen Höhle berührt und das eine für uns tut, das wir nicht selbst tun können – uns gerecht machen.

Normalerweise bekommen wir, wonach wir uns sehnen. Das Problem ist nur, dass die irdischen Schätze uns nicht zufrieden machen. Die Verheißung ist, dass die himmlischen Schätze das schaffen.

Gesegnet sind die, die ihren irdischen Besitz in offenen Händen tragen. Gesegnet sind die, die schlimmstenfalls etwas eingeschränkt wären, wenn all ihr Besitz von ihnen genommen würde, da ihr wirklicher Besitz woanders ist. Gesegnet sind die, die allein von Jesus ihre Freude erwarten und bekommen.

»Glücklich sind die Barmherzigen«, sagte Jesus auf dem Berg. Diejenigen, die barmherzig mit anderen sind, sind die wirklich Gesegneten. Warum? Jesus beantwortet diese Frage: »... denn Gott wird auch mit ihnen barmherzig sein.«

Wenn wir Gottes Gnade erfahren und sie dann an andere weitergeben, ist unsere Belohnung unsere eigene innere Freiheit. Die Gefängnistür wird weit aufgerissen und der Gefangene, der freigelassen wird, sind wir selbst.

Nur wer selbst Frieden schafft, wird erfahren, dass seine Gerechtigkeit und Friedfertigkeit Früchte tragen (Jak. 3,18). Nehmen Sie ein Samenkorn von der Größe einer Sommersprosse. Stecken Sie es einige Zentimeter tief in die Erde. Geben Sie ihm genug Wasser, Licht und Dünger. Dann halten Sie sich bereit. Ein Berg wird bewegt werden. Es macht überhaupt nichts, dass die Erde Milliarden Mal schwerer ist als das Gewicht des Samenkorns. Das Korn wird sich seinen Weg nach oben bahnen.

Jeden Frühling pflanzen Träumer auf der ganzen Welt kleine Hoffnungen in festgetretene Erde. Und jeden Frühling stemmen sich ihre Hoffnungen gegen unmögliche Umstände und blühen trotz aller Hindernisse. Das Prinzip, das für das Samenkorn gilt, gilt auch für den Frieden: Unterschätzen Sie nie die Kraft eines Samenkorns.

Jesus wäscht die Füße der Männer, von denen er weiß, dass sie ihn später verraten werden. Er isst mit einem korrupten Steuereintreiber zu Mittag. Er behandelt eine verachtete Frau mit Respekt. Er baut Brücken, indem er Wunden und Verletzungen heilt.

Er verhindert Konflikte, weil er das Innerste der Menschen berührt. Er pflegt die Harmonie, indem er den Samen des Friedens in fruchtbare Herzen sät.

Wollen Sie ein Wunder sehen? Dann pflanzen Sie ein Wort der Liebe in das Leben eines Menschen.

Pflegen Sie es mit einem Lächeln und Gebeten und passen Sie auf, was passiert.

Gott wird eines Tages unsere Tränen abwischen. Dieselben Hände, die den Himmel ausgespannt haben, werden unsere Wangen berühren.

Dieselben Hände, die die Berge geformt haben, werden sanft unser Gesicht streicheln.

Dieselben Hände, die sich vor Schmerz verkrümmten, als die römischen Soldaten die Nägel durch sie schlugen, werden eines Tages unser Gesicht umfassen und unsere Tränen abwischen. Endgültig.

Manchmal wünschen wir uns, wir könnten alles neu machen. Wir könnten durch unser altes vertrautes Viertel laufen und all den bekannten Gesichtern zuwinken und all die vertrauten Hunde streicheln.

Wir könnten die Hauptstraße hinunterlaufen und die alten Händler herausrufen, damit sie die Türen ihrer längst geschlossenen Läden wieder aufmachen. Wir wünschen uns so sehr, wir könnten alles neu machen, aber wir können es nicht.

Wir nicht.
Doch Gott kann es.

Gott verbessert nicht, sondern er stellt wieder her. Er überdeckt nicht das Alte, sondern bringt das Neue. Der Baumeister wird den ursprünglichen Plan herausholen und danach alles wiederherstellen.

Er wird die Kraft wiederherstellen.
Er wird die Energie wiederherstellen.
Er wird die Hoffnung wiederherstellen.
Er wird die Seele wiederherstellen.

Jesus sagt: »Groß ist eure Belohnung im Himmel.« Er hat bestimmt gelächelt, als er diese Worte gesagt hat. In seinen Augen hat es wohl gefunkelt und seine Hand hat auf den Himmel gedeutet.

Er musste es ja wissen, denn es war seine Idee und seine Heimat.

Wir werden einmal Gesichter sehen, die auf uns gewartet haben. Wir werden einmal unseren Namen hören, gerufen von denen, die uns lieben.

Und vielleicht, – ganz hinten, hinter der Menschenmenge – wird der eine, der es vorgezogen hat zu sterben, anstatt ohne uns zu leben, seine durchbohrten Hände von seinem himmlischen Gewand erheben und ... applaudieren.